퇴근 후 코바늘 손뜨개

직장인의 소소한 취미생활 3

퇴근 후 코바늘 손뜨개

초판인쇄 2020년 4월 1일
초판발행 2020년 4월 1일

지은이 로투스가든, 한땀핸즈, 공간엔늘
펴낸이 채종준
기획 · 편집 이강임
디자인 홍은표
마케팅 문선영

펴낸곳 한국학술정보(주)
주소 경기도 파주시 회동길 230(문발동)
전화 031 908 3181(대표)
팩스 031 908 3189
홈페이지 http://ebook.kstudy.com
E-mail 출판사업부 publish@kstudy.com
등록 제일산-115호(2000. 6. 19)

ISBN 978-89-268-9896-3 13640

직장인의 소소한 취미생활 3

퇴근 후 코바늘 손뜨개

로투스가든, 한땀핸즈, 공간엔늘 지음

이담 Books

시작을 여는 이야기

누군가에게 털실과 바늘로 만든 건 다 같은 '뜨개질'로 보일 수 있습니다.
뜨개인으로 저희에게는 엄청나게 다양한 분야가 보입니다.

넓게는 코바늘과 대바늘이 다르고,
좁게는 소품, 인형, 의류가 다르며,
더 좁게는 들고 다니는 가방, 쓰고 다니는 모자,
신고 다니는 양말도 다 다른 분야로 보입니다.
저희끼리 손뜨개는 '초'세분화 되어있다고 농담을 나누기도 합니다.

이 책은 크게는 코바늘 손뜨개를
좁게는 코바늘의 많은 기법 중
'짧은뜨기'라는 기법으로 완성되는 작품을 이야기합니다.

더 좁게는 짧은뜨기를 '원형'으로 떠나가
완성되는 작품을 이야기합니다.

이 책을 만난 많은 분들이 책 속의 여섯 작품을
모두 완성할 수 있기를 바라는 마음으로 작업했습니다.

그러다 다른 걸 "뜨고"싶다 라는 생각이 들게 되길 바라봅니다.

뜨개가 주는 행복을 함께하고 싶습니다.

- 한땀디자인팀 저자 일동

목차

PROLOGUE

시작을 여는 이야기

CHAPTER 1

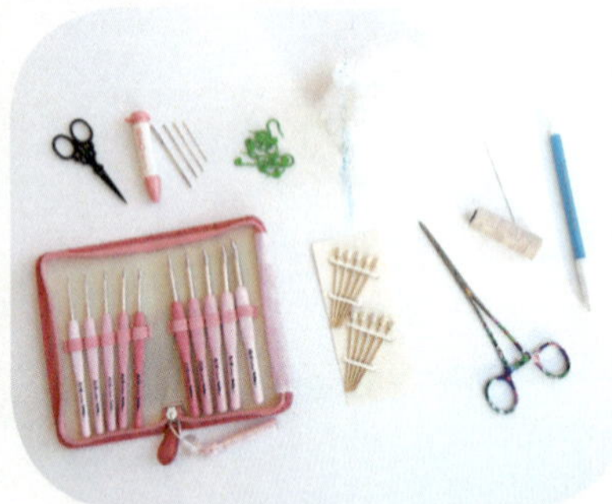

코바늘 손뜨개를 시작하며

CHAPTER 2

원형으로 짧은뜨기 마카롱쿠션

오늘도,
손뜨개로 확실하게 행복하기!

CHAPTER 3

이랑뜨기와 평단 텐바스켓

CHAPTER 4

원하는 모양으로 코늘리기 울버킷햇

CHAPTER 5

사슬과 손잡이 펄마르쉐백

CHAPTER 6

코줄이기와 기초 인형 조립

까꿍베어커플

CHAPTER 7

색깔 바꾸기와 두 개의 편물 연결하여 뜨기

알파&베타

EPILOGUE

한땀디자인팀
since 2017

잠깐! 시작 전
도구 구매 꿀팁

쿠폰을 사진 찍어서
로투스가든, 한땀핸즈,
공간엔늘로 보내주세요~

No. 24562187921

#한땀디자인팀 since 2017

로투스가든(김은영)

http://blog.naver.com/sticka

@sticka516

한땀핸즈(주혜경)

https://blog.naver.com/jhk6479

@1ttam_

공간엔늘(김민아)

http://blog.naver.com/uma8504

@spacenneul

퇴근 후 손뜨개 구입 고객 전용

모든 DIY패키지

10% OFF

할인쿠폰

1. 한땀디자인팀 인스타그램에서 판매하는 모든 DIY패키지 구입시 사용 가능합니다.
2. 쿠폰 사진을 찍어서 보여주시면, 할인 가능합니다.
3. 각 멤버의 인스타그램에서 구입방법을 확인하실 수 있습니다.
4. 1인 1회 사용가능

Chapter 1

# #

코바늘 손뜨개를 시작하며

#01

손뜨개란

'손'으로 '실'과 '바늘'을 이용하여 '천'을 만들다.
'손뜨개'를 정의하는 가장 단순한 표현이 아닐까 합니다.

실

여기서 말하는 실을 보통 '털실'이라고 부릅니다.

겨울에 사용할 목도리를 만든다면, 따뜻한 울이 함유된 털실을 사용합니다.

봄,가을에 사용 할 무릎 담요를 만든다면, 면과 아크릴이 섞인 털실을 사용합니다.

여름에 쓸 모자를 만든다면, 가벼우면서 시원한 면이나 비스코스 소재의 털실을 사용합니다.

아이를 위한 인형을 만든다면, 오가닉코튼이나 면, 아크릴 소재의 털실을 사용합니다.

계절과 용도에 따라 사용하는 털실의 종류가 결정됩니다.

바늘

손뜨개에 사용하는 바늘은 크게 두 종류가 있습니다.
끝이 뾰족한 두 개의 바늘이 한 쌍을 이루고 있는 '대바늘'은 신축성이 좋은 천을 만들어
주로 목도리, 양말, 스웨터 등의 의류를 만듭니다.
끝이 휘어있는 뾰족한 바늘이 손잡이에 달려있는 '코바늘'은 튼튼한 천을 만들어
가방, 인형 등의 소품을 만듭니다.

천

손뜨개로 만들어 내는 천을 '편물'이라고 부릅니다.
바늘의 종류와 손뜨개 방법에 따라 다양한 모양의 편물을 만들 수 있습니다.
원, 삼각형, 사각형 등 다양한 평면의 편물을 만들 수 있고,
가방이나 인형 같은 입체 편물을 만드는 것도 가능합니다.

'털실'과 '대바늘/코바늘'을 사용하여 손으로 '편물'을 만들다.
우리는 그 편물이 작품이 되어가는 과정을 '손뜨개'라고 부릅니다.

#02

어떤 실과 어떤 바늘

가방을 만들고 싶습니다.

겨울에 메고 다닐 큰 가방을 만들고 싶습니다.
어떤 '실'과 어떤 '바늘'을 사용해야 할까? 라는
고민을 시작합니다.

겨울용 가방이니 따뜻한 느낌이 나는 울,
큰 가방이지만 너무 무겁지 않아야 하니 가벼운 아크릴,
울과 아크릴이 섞인 소재의 털실을 고릅니다.

겨울 옷은 어두운 컬러가 많으니,
포인트가 될 화려한 컬러의 털실도 섞어 사용해 보기로 합니다.

큰 가방이라 물건이 많이 들어갈 것 같습니다.
힘이 있는 편물을 만들고 싶어, 코바늘을 사용하기로 합니다.

'털실'과 '바늘'이 결정됩니다.

용도와 계절에 맞는 털실과 바늘을 골랐으니,
이제 손으로 작품을 만들어 내는 과정이 남았습니다.

#03

코바늘 손뜨개

손뜨개로는 우리 생활에서 쓸 수 있는 많은 것들을 만들 수 있습니다.

목도리, 모자, 장갑, 양말, 스웨터, 가디건 등 입을 수 있는 것
가방, 클러치 등 들거나 멜 수 있는 것
바구니, 쿠션커버, 무릎담요, 커튼 등 집을 꾸밀 수 있는 것
인형, 키링, 오너먼트 등 선물할 수 있는 것까지.

손뜨개로 만들 수 있는 작품의 범위가 넓은 만큼, 다양한 뜨개 기법이 존재합니다.
이 책에서는 코바늘 손뜨개로 몇 가지 작품을 함께 만들어 보려고 합니다.

앞서 말했듯이 코바늘은 튼튼한 편물을 만들 수 있어,
소품을 만드는데 많이 사용됩니다.
또한 몇 가지 기초 기법만으로도
입체 편물을 쉽게 만들어 낼 수 있습니다.

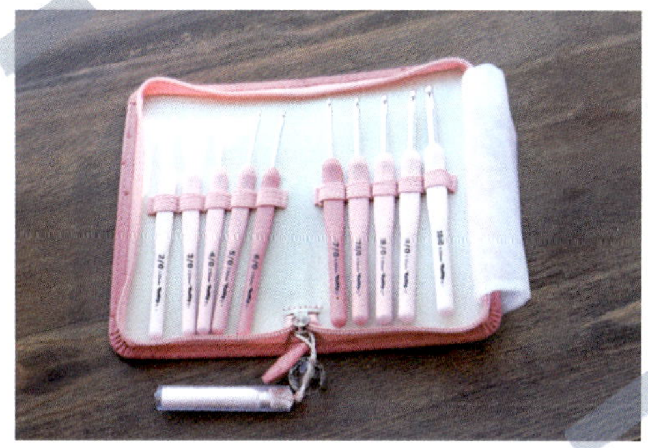

이 책은 코바늘의 기초뜨개법 중 하나인
'짧은뜨기'로 뜰 수 있는 작품들로 채웠습니다.
원형고리에서 시작해서 '짧은뜨기'를 원형으로 떠 나가면,
원형, 원통, 구 형태의 입체 편물을 만들 수 있습니다.
이 책의 처음부터 함께 따라하면, 쿠션커버, 소품바구니,
가방, 모자, 인형 등 여섯 가지 작품을 완성할 수 있습니다.

#04 도구 소개

이 책의 작품들을 만드는데 사용한 도구를 소개합니다. 코바늘 손뜨개를 위한 기초 도구는 코바늘, 돗바늘, 수예가위, 단수링 입니다. 방울솜, 눈바늘, 실, 수성펜, 겸자, 대나무 시침핀은 코바늘 인형을 조립하는 데 필요한 보조 도구입니다.

코바늘

끝이 한쪽으로 휘어있는 뾰족한 바늘을 코바늘이라 부릅니다. 보통 바늘이 손잡이에 달려 있습니다. 뾰족한 부분을 훅(hook)이라고 부르며, 훅을 이용하여 실을 걸어서 뜨는 뜨개법을 코바늘 손뜨개라고 부릅니다. 코바늘 손뜨개를 할 때, 실의 두께에 맞는 코바늘을 사용해야 합니다. 사진 속의 코바늘들을 모사용(털실용) 코바늘이라고 부릅니다. 일반적인 두께의 털실에 맞는 바늘이라는 의미입니다. 바늘의 손잡이에 적혀 있는 숫자는 코바늘의 두께를 나타냅니다. 5/0는 일본식 표기법에 따른 호수를 나타내며, 보통 모사용 5호 라고 읽습니다. 3.00mm은 훅의 두께를 나타냅니다. 훅의 두께가 굵어질수록 호수는 커집니다. 모사용 코바늘 중 가장 얇은 코바늘이 2/0(2.00mm,2호)이며, 가장 두꺼운 코바늘이 10/0(6.00mm,10호)입니다. 모사용 코바늘보다 더 두꺼운 코바늘을 왕코바늘, 더 얇은 코바늘을 레이스용 코바늘이라고 부릅니다. 이 책에서는 5,8,10호의 모사용 코바늘과 10mm의 왕코바늘로 작품을 만들었습니다.

돗바늘

털실과 코바늘로 완성한 편물의 실꼬리를 마무리하거나, 편물과 편물을 연결할 때 사용하는 바늘을 돗바늘이라고 합니다. 털실을 끼워야 하기 때문에 실을 끼우는 구멍이 일반 바늘에 비해 큰 편입니다. 또한 편물과 편물을 연결할 때 주로 사용하기 때문에 일반 바늘처럼 끝이 뾰족할 필요가 없이 뭉툭합니다. 털실의 두께에 따라 네 종류 정도의 돗바늘을 사용합니다.

수예가위

털실이나 실을 자를 때 사용하는 수예가위입니다. 수예가위의 날은 쉽게 상할 수 있으므로, 털실이나 실 이외의 것을 자를 때는 사용하지 않는 것이 좋습니다.

단수링(마커)

손뜨개 편물의 특정 위치 표시하기 위해 사용합니다. 이 책에서는 짧은뜨기를 원형으로 떠서 작품을 만드는데, 이때 시작하는 부분(첫 코라고 부릅니다)을 표시하기 위해 사용합니다.

방울솜과 겸자

코바늘인형을 만들 때, 머리,몸통,귀,꼬리,다리 등의 편물에 방울솜을 넣어서 모양을 잡아줍니다. 코바늘인형은 구름솜보다는 방울솜을 사용하는 것이 모양을 더 예쁘게 잡을 수 있습니다. 폭이 좁거나 긴 편물에 솜을 넣을 때, 겸자를 사용하면 편리합니다.

대나무 시침핀과 수성펜

코바늘 인형을 조립할 때, 사용합니다. 대나무 시침핀은 인형의 중심을 표시하거나 눈, 코 등의 위치를 표시할 때 사용합니다. 수성펜은 팔, 다리 등의 연결 위치를 표시할 때 사용합니다. 인형을 모두 조립한 후에 물을 약간 묻혀주면 수성펜으로 표시한 부분이 모두 지워집니다.

실과 눈바늘

코바늘인형의 눈, 코를 달거나, 편물에 라벨 등을 붙일 때 사용합니다. 실은 펠트실이나 퀼트실을 사용하면 됩니다. 인형에 눈, 코를 달아야 하므로, 일반 바늘보다는 길이가 긴 바늘이 필요합니다.

#05

코바늘 손뜨개 도안

✳ 기호도안

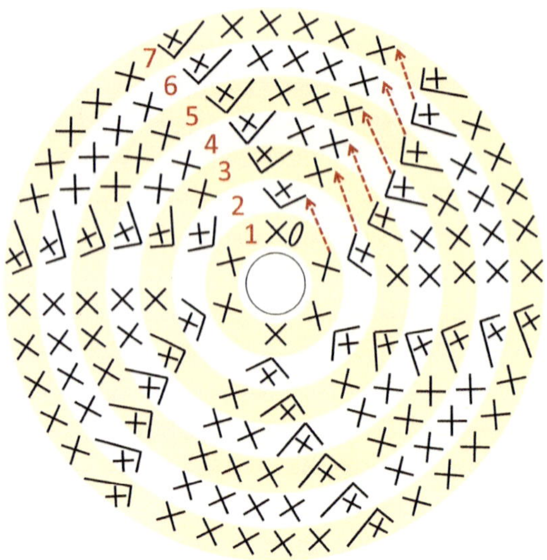

단	콧수(증감)
7	42(+6)
6	36(+6)
5	30(+6)
4	24(+6)
3	18(+6)
2	12(+6)
1	6

✳ 서술형도안

1단 : 원형고리를 만들어 짧은뜨기6 (6코)

2단 : 코늘리기6 (12코)

3단 : [짧은뜨기, 코늘리기]*6 (18코)

4단 : [짧은뜨기2, 코늘리기]*6 (24코)

5단 : [짧은뜨기3, 코늘리기]*6 (30코)

6단 : [짧은뜨기4, 코늘리기]*6 (36코)

7단 : [짧은뜨기5, 코늘리기]*6 (42코)

코바늘 손뜨개로 작품을 만들기 위해서는 도안을 볼 수 있어야 합니다.

왼쪽에 그림이 그려져 있는 도안을 기호도안 혹은 차트도안이라고 부릅니다.

○ : 원형고리를 만들어 뜨개를 시작

× : 짧은뜨기

⩔ : (짧은뜨기로) 코늘리기

위와 같이 편물의 모양과 비슷하고 단순한 기호들을 약속하고, 완성된 편물의 모양과 유사하게 그림을 그립니다. 그림은 원형고리를 만들어 짧은뜨기로 원형의 편물을 만들어가는 과정을 그린 것입니다.

오른쪽 아래처럼 뜨개 방법을 글로 풀어 놓은 도안을 서술형도안이라고 부릅니다. 원형, 원통, 구형태의 편물을 만들 때는 주로 서술형도안으로 설명을 합니다. 물론 왼쪽에서 기호도안을 보고 뜨든, 서술형도안을 보고 뜨든 뜨개 방법은 같고, 완성된 편물의 모양도 같습니다.

다음 장에서부터 도안을 보고 뜨는 방법을 배워 봅시다.

털실을 고르고, 바늘을 고르고
이제 모든 준비를 마쳤으니, 이제 도안을 보고 코바늘 손뜨개를 시작할 시간입니다.

Chapter 2

# #

원형으로 짧은뜨기
마카롱쿠션

Macaroon Cushion

마카롱쿠션

동글동글 쿠션을 만들어 봅니다.
앞, 뒤 다른 색깔로 만드니
꼭 마카롱을 닮았습니다.

소파나 의자에 두면 포인트가 될 것 같습니다.

필요한 재료

테이프얀(250g/1볼) 두 가지 컬러 각 1볼

10호(6mm) 코바늘, 수예가위, 돗바늘, 단수링

35cm 원형쿠션솜

원단을 길게 잘라서 실형태로 만든 털실을 말하는 패브릭얀은 원래 남은 원단을 잘라서 손뜨개 작품을 만드는 업사이클링에서 시작되었습니다. 요즘은 다양한 텍스처의 패브릭얀을 손뜨개에서 만나볼 수 있습니다. 주로 일반 털실에 비해 두껍게 만들어져, 쉽게 원하는 작품을 만들 수 있고, 원래 원단이었던 소재의 특성상 세탁하기 편리해 생활소품을 만드는 데 주로 사용됩니다. 마카롱쿠션은 패브릭얀 중 거즈면 느낌이 나는 원단을 잘라 만든 테이프얀으로 만들어 두께에 비해 가벼운 장점이 있습니다. 물론 세탁도 가능합니다.

✳ 마카롱쿠션 도안

쿠션지름. 35cm

1단 : 원형고리를 만들어 짧은뜨기6 (6코)
2단 : 코늘리기6 (12코)
3단 : [짧은뜨기, 코늘리기]*6 (18코)
4단 : [짧은뜨기2, 코늘리기]*6 (24코)
5단 : [짧은뜨기3, 코늘리기]*6 (30코)
6단 : [짧은뜨기4, 코늘리기]*6 (36코)
7단 : [짧은뜨기5, 코늘리기]*6 (42코)
8단 : [짧은뜨기6, 코늘리기]*6 (48코)
9단 : [짧은뜨기7, 코늘리기]*6 (54코)
10단 : [짧은뜨기8, 코늘리기]*6 (60코)
11단 : [짧은뜨기9, 코늘리기]*6 (66코)
12단 : [짧은뜨기10, 코늘리기]*6 (72코)
13단 : [짧은뜨기11, 코늘리기]*6 (78코)
14단 : [짧은뜨기12, 코늘리기]*6 (84코)
15단 : [짧은뜨기13, 코늘리기]*6 (90코)
16단 : [짧은뜨기14, 코늘리기]*6 (96코)
17단 : [짧은뜨기15, 코늘리기]*6 (102코)
18단 : [짧은뜨기16, 코늘리기]*6 (108코)

첫 코에 빼뜨기하고, 실을 잘라 마무리합니다.
편물을 두 장 떠서, 짧은뜨기로 두 장을 연결합니다.

이 책에는 원형으로 짧은뜨기를 떠서 완성하는 작품들만 모아 두었습니다.
이런 작품들의 도안은 기호도안보다 서술형도안이 편리합니다.

물론 기호도안도 알아두어야 하기 때문에,
마카롱쿠션은 기호도안과 서술형도안을 모두 설명하겠습니다.

다음 작품부터는 서술형도안만 사용합니다.

#06

원형고리 만들기

○ 1단 : 원형고리를 만들어

원형의 편물을 만들기 위해서 제일 먼저 해야 할 일은 털실로 원형고리를 만드는 것입니다.
기호도안에서 동그라미가 원형고리를 의미하고,
서술형도안에서는 '원형고리를 만들어…'라고 씁니다.

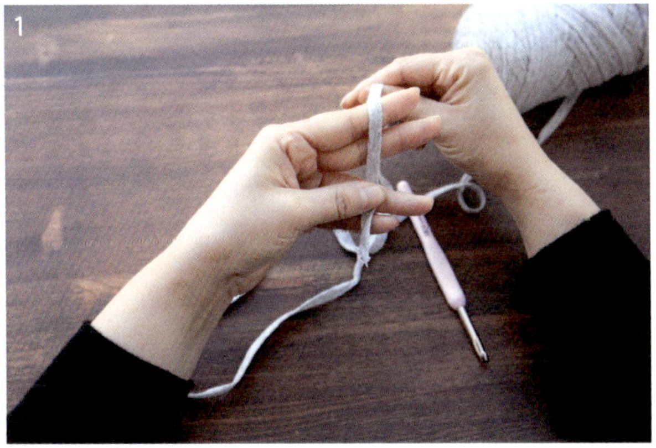

왼손 두, 세 번째 손가락에 털실을 감아 원형고리를 만듭니다. 이때 실꼬리(이하 짧은실)가 손가락 앞에 오도록 둡니다.

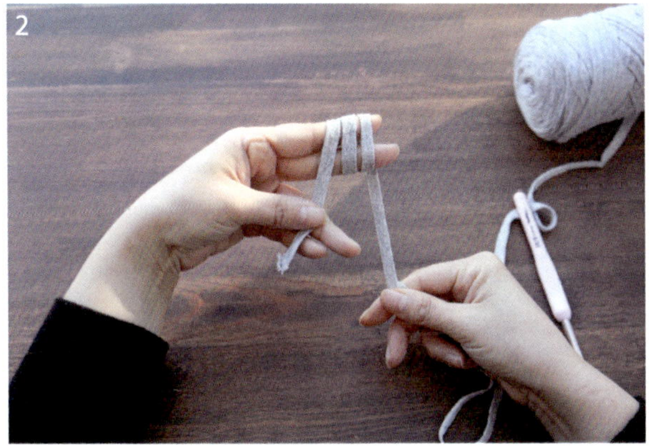

손가락 뒤에 있는 실(이하 긴실)을 손가락에 두 번 감아줍니다.

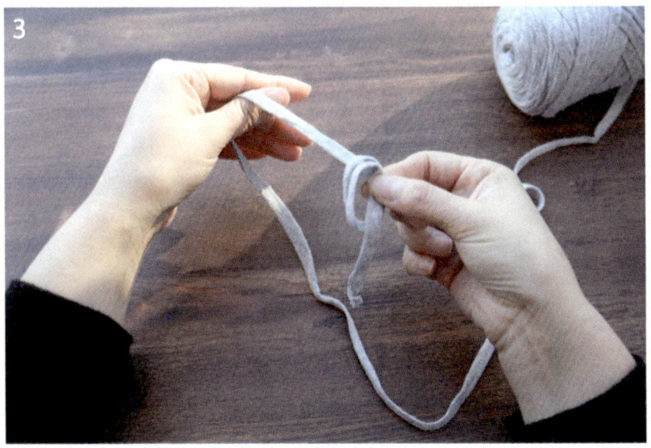

감은 실을 손가락에서 빼면, 숫자 '9' 모양이 나옵니다. 이때 짧은실이 고리의 앞쪽에, 긴실이 고리의 뒤 쪽에 있도록 둡니다.

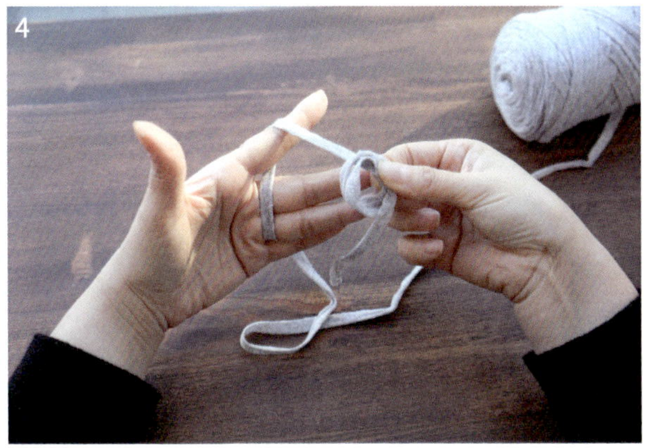

고리를 오른손으로 잡고, 긴실을 왼손에 끼웁니다. 네 번째와 다섯 번째 손가락 사이에 실을 끼운 후, 두 번째 손가락에 실을 걸어줍니다. 둘, 넷, 다섯 번째 손가락은 뜰 때, 실의 길이를 조절해줍니다. 첫 번째와 세 번째 손가락으로 고리를 잡습니다.

1단 : 원형고리를 만들어

이제 원형고리가 완성되었습니다. 코바늘에 실을 걸어 뜰 준비를 할 차례입니다.
연필을 잡듯이 코바늘 손잡이를 잡습니다.
주로 첫 번째와 두 번째 손가락이 손잡이를 잡고,
세 번째 손가락은 손잡이와 훅을 번갈아가며 잡습니다.

원형고리 안에 코바늘을 넣어, 왼손 두 번째 손가락에 걸린 긴 실을 뒤에서 앞쪽으로 걸어 뺍니다.

훅에 실이 걸려있습니다.

다시 한번 훅으로 왼손 두 번째 손가락에 걸린 긴 실을 뒤에서 앞쪽으로 걸어 뺍니다.

이제 원형고리를 만들어 뜰 준비는 모두 끝났습니다.

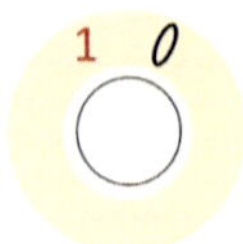

1단 : 원형고리를 만들어

기호도안에서 보이는 타원형의 기호를 사슬이라고 부릅니다.

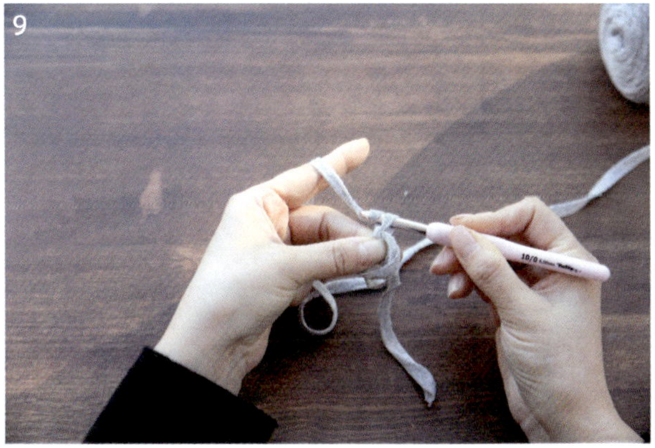

왼손 두 번째 손가락에 걸린 긴실을 뒤에서 앞으로 걸어, 훅에 걸려있는 고리를 통과합니다.

사슬이 완성되었습니다.

사슬은 훅으로 실을 감아서 빼면 만들어집니다.

코바늘에서 가장 쉬운 뜨개 방법인 사슬은 코바늘에서 가장 쉬운 뜨개기법으로 아주 자주 사용됩니다.

사슬을 여러 개 만들어, 편물에 다양한 모양의 무늬를 만들기도 하고,

가방의 손잡이나 단추구멍 같은 공간을 만들기도 합니다.

조금 전 만든 사슬은 앞으로 우리가 하게 될 '짧은뜨기'를 위한 준비과정입니다.

이제 편물을 만들기 위한 준비과정이 끝났으니, 진짜 편물 만들기를 시작합시다.

#07

짧은뜨기

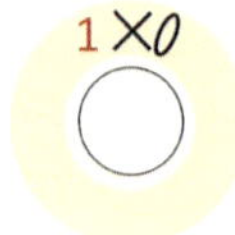

1단 : 원형고리를 만들어 짧은뜨기6 (6코)

원형고리 안에 짧은뜨기를 하나 떠 보겠습니다.

원형고리에 훅을 넣습니다.

왼손 두 번째 손가락에 걸린 긴실을 뒤에서 앞으로 걸어 뺍니다.

13

훅에 실이 두 가닥 걸려있습니다.

14

다시 훅으로 긴실을 뒤에서 앞으로 감아 훅에 걸린 두 가닥의 실을 통과합니다.

15

두 가닥의 실을 하나씩 차례로 통과합니다.

16

이제 훅에는 실이 한 가닥 걸려있고, 짧은뜨기가 한 개 완성되었습니다.

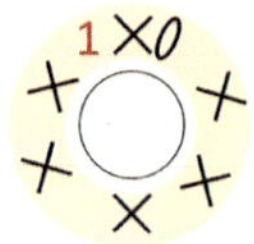

1단 : 원형고리를 만들어 짧은뜨기6 (6코)

앞의 짧은뜨기 과정을 반복하여 원형고리 안에 총 여섯 개의 짧은뜨기를 만들어 줍니다. 원형고리를 반시계 방향으로 채워나가게 되고, 기호도안도 반시계 방향으로 봅니다.

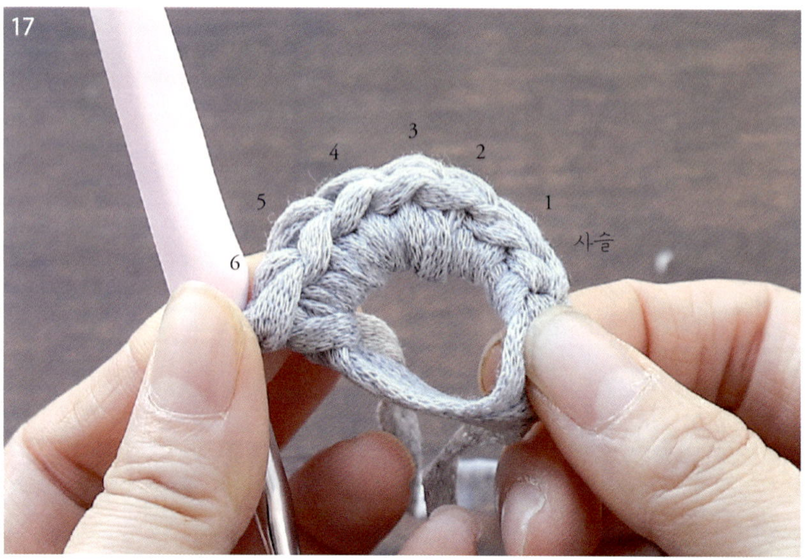

원형고리 안에 짧은뜨기 6개가 완성되었습니다.

짧은뜨기를 기호도안에서는 X로 그리기로 약속합니다.
짧은뜨기의 위쪽 머리 땋은 모양을 짧은뜨기의 머리 혹은 "코"라고 부릅니다.
머리 아래 세로 두 줄을 다리라고 부릅니다.

코바늘은 '코'를 만들어 나가는 과정입니다.

기호도안의 한 바퀴를 "단"이라고 부릅니다.
우리는 막 원형 편물의 1단을 완성하였습니다.

서술형도안에서 처음에 적혀있는 '1단' 은 원형고리에 뜨는 첫 번째 한 바퀴를 나타냅니다.
마지막에 적혀있는 '(6코)'는 원형고리에 짧은뜨기 6개를 뜨고나면, 6코가 생긴다는 것을 의미합니다.

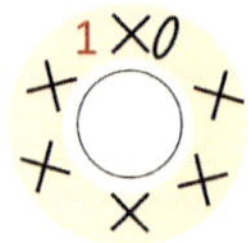

1단 : 원형고리를 만들어 짧은뜨기6 (6코)

시작할 때, 기호도안은 편물의 모양을 본 따 그린 것이라 설명했습니다. 하지만 아직 아래의 모양이 기호도안과 아주 비슷하지는 않습니다. 첫 번째 짧은뜨기와 여섯 번째 짧은뜨기가 가까이 있지 않기 때문입니다. 이제 원형고리를 조여, 1단을 마무리해보겠습니다.

편물을 돌려 첫 번째 짧은뜨기(첫코)가 위에 있도록 둡니다. 짧은실을 살짝 잡아당기면, 원형고리의 두 고리 중 한 고리의 실이 움직입니다.

움직이는 실을 첫 코에서 끄집어 내듯이 당겨주면, 다른 고리가 움직이면서 원이 작아집니다.

다른 고리가 완전히 조여질 때까지 움직이는 실을 당겨줍니다.

짧은실을 잡아당겨 남은 고리도 닫아줍니다.

1단 : 원형고리를 만들어 짧은뜨기6 (6코)

이제 1단이 완성되었습니다. 원형 모양의 편물이 되었고, 여섯 개의 코가 생겼습니다.

1단을 뜨고, 마무리하는 과정을 '원형고리를 닫는다'라고 표현합니다.
이렇게 닫힌 원형고리는 편물을 아무리 움직여도 다시 커지지 않습니다.

원형고리를 만드는 방법은 다양한데, 이 책에서 설명한 원형고리 만드는 방법은
한 번 닫으면 열리지 않는다는 의미에서 '매직링'이라고 부릅니다.

우리가 지금 만들고 있는 작품은 '마카롱쿠션'입니다.
작은 원형 편물을 만들었으니 이 편물을 좀 더 크게 만들어보겠습니다.

#08 짧은뜨기로 코늘리기

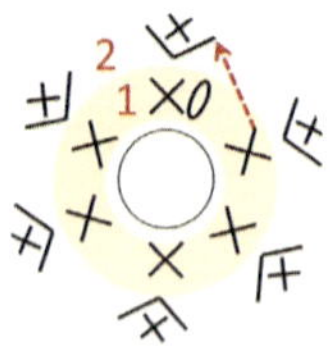

2단 : 코늘리기6 (12코)

1단을 끝내고 빨간색 화살표를 따라 더 큰 원이 만들어지는 2단을 시작합니다.

기호는 짧은뜨기로 코늘리기(이하 코늘리기)를 나타냅니다. 이 기호는 1단의 첫 번째 짧은뜨기 위에 그려져 있습니다. 1단을 마무리하고 나면 원형 편물의 가장 바깥쪽은 1단의 짧은뜨기의 코들이 둘러싸게 됩니다. 2단의 코늘리기는 바로 이 코들에 만들어야 합니다. 그럼 첫 번째 코늘리기를 만들어 보겠습니다.

1단의 첫 코(첫 번째 짧은뜨기의 머리)에 훅을 찔러, 짧은뜨기를 하나 뜹니다.

짧은뜨기 하나(2단의 첫 코)가 완성되었습니다.

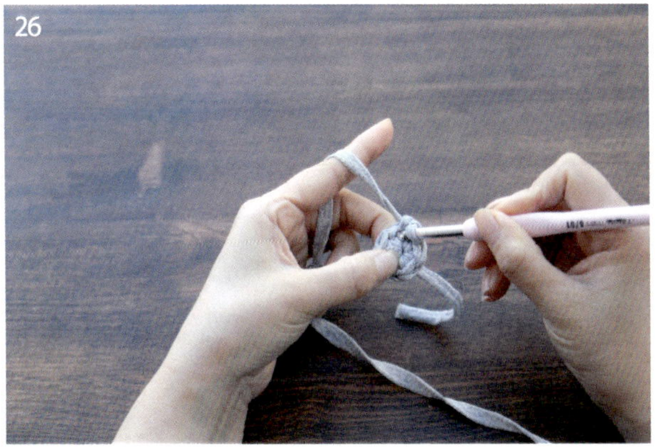

다시 한번 1단의 첫 코(첫 번째 짧은뜨기의 머리)에 훅을 찔러, 짧은뜨기를 하나 뜹니다.

1단의 첫 코 위에 두 번째 짧은뜨기(2단의 두 번째 코)가 완성되었습니다.

코늘리기는 한 코에 짧은뜨기를 두 번 뜨는 것을 의미합니다.

1단의 첫 코에 짧은뜨기를 두 번 떠서 편물에 한 개의 코가 늘어났습니다.
기호도안을 반시계 방향으로 따라가며 1단의 나머지 코들에서도 코늘리기를 반복합니다.
즉, 2단은 1단의 6코에 각각 코늘리기를 하여 6코였던 코를 12코로 늘어나게 합니다.

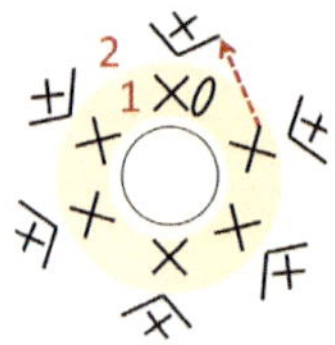

2단 : 코늘리기6 (12코)

2단의 첫 번째 코늘리기가 끝나고 나면, 다음 코로 넘어가기 전에 단수링을 2단의 첫 코에 끼워둡니다. 우리가 만드는 원형 편물은 회오리 모양으로 계속 편물을 돌려가면서 뜨기 때문에, 코바늘 손뜨개가 처음이신 분들은 각 단의 첫 코가 어디인지 알기 어렵습니다. 눈으로 각 단의 첫 코를 확인할 수 있게 될 때까지는 단수링을 활용하여 첫 코를 항상 표시합니다. 단수링을 끼워 첫 코를 표시한 후에, 코늘리기를 계속 진행하여 총 여섯 번의 코늘리기를 합니다.

2단을 모두 뜬 모습입니다.
1단의 6코 각각에 코늘리기를 하여 코는 12코로 늘어났고,
원형 편물의 크기가 커졌습니다.

이제 짧은뜨기와 코늘리기가 함께 나오는
3단으로 넘어갈 차례입니다.

#09

짧은뜨기와 코늘리기를 함께 하기

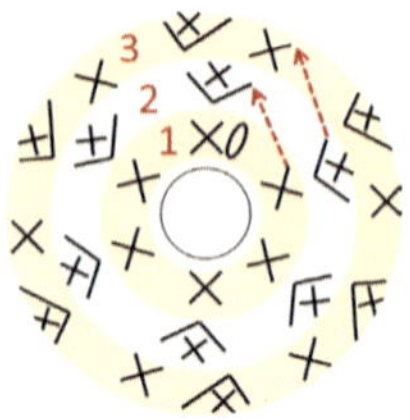

3단 : [짧은뜨기, 코늘리기]*6 (18코)

2단이 끝나면, 화살표를 따라 3단으로 넘어갑니다. 3단은 짧은뜨기와 코늘리기를 번갈아가며 반복합니다.

2단의 첫코에 표시해두었던 단수링을 뺍니다.

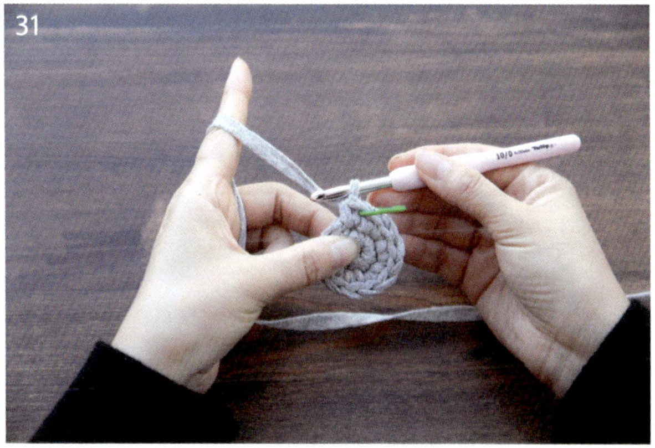

2단의 첫 코에 짧은뜨기를 하나 뜹니다. 이 코가 3단의 첫 코가 됩니다. 코에 단수링을 끼워 첫 코를 표시합니다.

2단의 두 번째 코에 짧은뜨기를 2개 떠서 코늘리기를 합니다.

짧은뜨기 한 번, 코늘리기 한 번을 하여, 2단의 두 코가 세 코로 늘어났습니다.
짧은뜨기, 코늘리기를 총 6회 반복하면 3단이 끝나고, 2단에서의 12코가 18코로 늘어나게 됩니다.

서술형도안에서 〔짧은뜨기, 코늘리기〕*6은
괄호〔 〕안의 뜨개법을 6회 반복하라는 의미입니다.

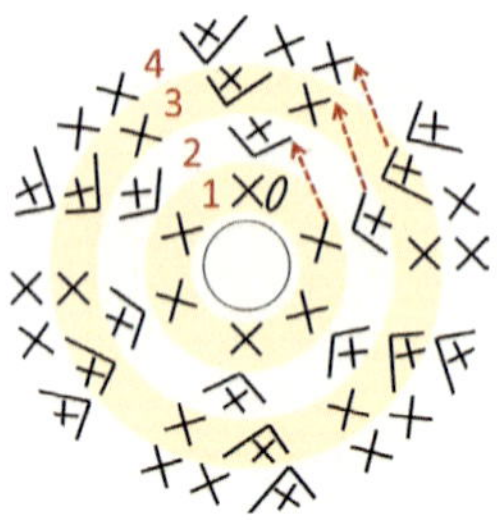

4단 : [짧은뜨기2, 코늘리기]*6 (24코)

기호도안을 보면, 4단은 (짧은뜨기, 짧은뜨기, 코늘리기)를 반복합니다. 그러면 3단의 3코가 4코로 늘어나게 됩니다. 이것을 서술형도안으로 적으면 위와 같습니다.

이렇게 단이 늘어날 때마다 규칙적으로 6코씩 늘어나게 됩니다.

5단에서도 코를 규칙적으로 늘린다면, (짧은뜨기, 짧은뜨기, 짧은뜨기, 코늘리기)를 반복하면 됩니다.
이것을 서술형도안으로 적는다면
5단: [짧은뜨기3, 코늘리기]*6 (30코)
로 적을 수 있습니다.

이제부터는 마카롱쿠션의 서술형도안을 참고하여 18단까지 떠서, 전체 코 수를 108코로 만듭니다.

#10

시작실 정리하기와 실바꾸기

2단까지 뜨고 난 후, 잠시 편물을 뒤집어 봅니다.
원형고리를 닫고 난 후, 실꼬리가 길게 남아있습니다.
이 실을 정리하기 위해서는 돗바늘이 필요합니다.

실 사이에 돗바늘을 끼워 실을 납작하게 만듭니다.

납작한 실을 돗바늘의 실구멍에 끼웁니다.
두께가 두꺼운 패브릭얀이나 여러 가닥의 얇은 실을 꼬아 만든 털실을 끼울 때, 편리한 방법입니다.

짧은뜨기 한 코마다 세로줄 두 개가 보입니다. 이것이 짧은뜨기 다리의 뒷면입니다. 이 세로줄에 바늘을 끼워 실을 통과시킵니다.

이렇게 코를 따라가면서 여러 번 실을 통과시켜 실을 숨겨줍니다.

충분히 실을 숨겼다면, 수예가위로 남은 실꼬리를 살짝 잡아당겨 잘라 줍니다.

손뜨개 편물에서 실꼬리는 묶거나 매듭지어 마무리하지 않습니다.
언제나 실꼬리는 돗바늘로 실을 숨겨서 마무리합니다.

편물을 뜨고 있던 중 실이 끊어져 있거나, 한 볼을 다 사용했다면, 새 실로 연결해 떠야 합니다. 이때 실과 실을 묶지 않고 연결하는 방법을 함께 해보겠습니다.

훅에 실이 두 가닥 걸려있을 때, 왼손 두 번째 손가락에 걸린 실을 걸어 빼면, 짧은뜨기 한 코가 완성됩니다. 사진처럼 짧은뜨기를 완성할 때 실을 바꿉니다.

기존 실이 훅에 두 가닥 걸려 있는 채로, 새 실을 왼손에 걸어줍니다. 새 실의 짧은 실이 손가락 앞에 오도록 실을 걸고, 왼손 첫 번째, 세 번째 손가락으로 새 실의 실꼬리와 편물을 함께 잡습니다.

왼손 두 번째 손가락에 걸린 실을 걸어 빼서, 짧은뜨기를 완성하였습니다.

다음부터 뜨는 짧은뜨기는 새 실로 완성됩니다.

#11

빼뜨기와 마무리실 정리하기

마카롱쿠션 도안

1단 : 원형고리를 만들어 짧은뜨기6 (6코)
2단 : 코늘리기6 (12코)
3단 : [짧은뜨기, 코늘리기]*6 (18코)
4단 : [짧은뜨기2, 코늘리기]*6 (24코)
5단 : [짧은뜨기3, 코늘리기]*6 (30코)
6단 : [짧은뜨기4, 코늘리기]*6 (36코)
7단 : [짧은뜨기5, 코늘리기]*6 (42코)
8단 : [짧은뜨기6, 코늘리기]*6 (48코)
9단 : [짧은뜨기7, 코늘리기]*6 (54코)
10단 : [짧은뜨기8, 코늘리기]*6 (60코)
11단 : [짧은뜨기9, 코늘리기]*6 (66코)
12단 : [짧은뜨기10, 코늘리기]*6 (72코)
13단 : [짧은뜨기11, 코늘리기]*6 (78코)
14단 : [짧은뜨기12, 코늘리기]*6 (84코)
15단 : [짧은뜨기13, 코늘리기]*6 (90코)
16단 : [짧은뜨기14, 코늘리기]*6 (96코)
17단 : [짧은뜨기15, 코늘리기]*6 (102코)
18단 : [짧은뜨기16, 코늘리기]*6 (108코)

첫 코에 빼뜨기하고, 실을 잘라 마무리합니다.

편물을 두 장 떠서, 짧은뜨기로 두 장을 연결합니다.

짧은뜨기와 코늘리기를 이용하여 18단 뜬 모습입니다.
이제 첫 코에 빼뜨기를 하고, 실을 잘라 마무리해보겠습니다.

첫 코에 훅을 찔러, 왼쪽 두 번째 손가락에 걸린 실을 걸어 빼냅니다.

걸어 빼낸 실을 훅에 걸려있던 고리를 통과하여 빼냅니다.

47

빼뜨기가 끝난 모습입니다.

빼뜨기는 코바늘 손뜨개에서 다양한 역할을 합니다.
지금처럼 편물을 마무리할 때,
코를 이동할 때,
테두리를 튼튼하게 만들고 싶을 때,
등이 있습니다.

이 책에서 모든 원형 편물을 마무리 할 때, 마지막으로 첫 코에 빼뜨기를 합니다.
울버킷햇을 뜰 때, 다른 역할을 하는 빼뜨기를 만날 수 있습니다.

48

빼뜨기가 끝났다면, 이제 마무리실을 정리할 차례입니다. 실을 한 뼘 이상 여유있게 남기고 수예가위로 실을 자릅니다. 훅에 걸려있던 고리에서 실을 잡아당겨 실꼬리를 빼줍니다.

실꼬리를 돗바늘을 이용하여 정리해보겠습니다.

49

50

돗바늘에 실을 끼운 후, 마지막 단의 세 번째 코 뒤에서 앞쪽으로 돗바늘을 찔러 실을 통과 시킵니다.

실이 시작한 고리에 바늘을 찔러 편물 뒤쪽으로 실을 보냅니다. 실을 잡아당기면, 사진처럼 마지막 단의 두 번째 코 위에 코가 하나 생기고 자연스럽게 연결됩니다.

남은 실을 편물 뒤쪽에 숨겨줍니다. 실을 충분히 숨긴 후에 잘라줍니다.

마무리실 정리까지 끝나면, 마카롱쿠션의 한쪽 판이 완성됩니다. 다른 색깔의 실로 똑같이 한 장을 더 떠서 준비해주세요.

이제 두 편물을 이어 마카롱쿠션을 완성해보겠습니다.

#12

편물을 짧은뜨기로 잇기

두 장의 편물을 연결해보겠습니다.
앞판과 뒤판을 함께 짧은뜨기로 떠서 이어줍니다.

54

55

앞판과 뒷판의 뒷면을 마주보게 두고, 앞판을 바라본 채로 시작합니다.
뒷판과 같은 색깔 실을 왼손 두 번째 손가락에 걸고, 편물과 함께 잡습니다.
앞판의 첫코와 뒤판의 마지막 코에 훅을 찔러 실을 걸어 뺍니다.

짧은뜨기를 위한 준비과정으로 사슬을 하나 만듭니다.

앞판은 첫 코부터 뒤판은 마지막 코부터, 훅을 두 코에 한 번에 찔러 반시계 방향으로 돌면서 하나씩 짧은뜨기를 뜹니다.

편물의 2/3 정도까지 짧은뜨기를 뜨다가 쿠션솜을 편물 사이에 끼우고 짧은뜨기를 마저 뜹니다.

한바퀴를 다 돌고나면 첫코에 빼뜨기하고 실을 마무리한 후, 숨겨줍니다.

마카롱쿠션이 완성되었습니다.

원형고리 만들기, 짧은뜨기, 코늘리기, 빼뜨기로 만든

첫 번째 코바늘 손뜨개 작품입니다.

Chapter 3

#

이랑뜨기와 평단

텐바스켓

Ten Basket

텐바스켓

손뜨개를 하다보면 실들이 여기 저기 굴러다닙니다.
자투리 실들을 넣어 둘 바구니를 만들어 봅시다.

소파 옆에 바구니를 하나 두고
TV를 보며 뜨던 뜨개 편물을 넣어둡니다.
집에 들어오는 입구에도 바구니를 하나 두고
차 키나 소지품들을 넣어두기도 합니다.

어디에 두어도 어색하지 않은 뜨개 바구니입니다.

HANDMADE
10/0

필요한 재료

한땀울(100g/1볼) 4볼

10호(6mm) 코바늘, 수예가위, 돗바늘, 단수링, 실, 바늘

엔틱가죽 라벨

울과 아크릴이 섞인 털실은 코바늘 손뜨개에서 자주 사용되는 소재입니다. 울은 완성된 작품에 따뜻하고 포근한 느낌을 줍니다. 용도와 계절에 따라 울과 아크릴의 비율을 비교해서 실을 고릅니다. 텐바스켓은 가벼우면서 포근한 느낌을 주고 싶어, 아크릴의 비율이 높은 털실을 사용했습니다. 소재의 특성상 시간이 지나면 보풀이 생길 수 있지만, 보풀이 생기는 것도 소품 바구니를 더 멋스럽게 만들 수 있습니다.

✳ 텐바스켓 도안

바닥지름. 24cm

높이(접기 전). 25cm

1단: 원형고리를 만들어 짧은뜨기6(6코)

2단: 코늘리기6 (12코)

3단: [짧은뜨기, 코늘리기]*6 (18코)

4단: [짧은뜨기2, 코늘리기]*6 (24코)

5단: [짧은뜨기3, 코늘리기]*6 (30코)

6단: [짧은뜨기4, 코늘리기]*6 (36코)

7단: [짧은뜨기5, 코늘리기]*6 (42코)

8단: [짧은뜨기6, 코늘리기]*6 (48코)

9단: [짧은뜨기7, 코늘리기]*6 (54코)

10단: [짧은뜨기8, 코늘리기]*6 (60코)

11단: 이랑뜨기로 평단 (60코)

12~35단(총24단) : 평단 (60코)

첫 코에 빼뜨기 하고, 실을 잘라 마무리합니다.

끝부분을 적당히 접어 모양을 만든 후, 가죽 라벨을 달아줍니다.

1단~10단은 마카롱쿠션을 뜨는 방법과 같습니다.

도안을 보고, 짧은뜨기와 코늘리기로 10단까지 뜹니다.

#13 이랑뜨기

1

10단까지 뜨고 나면 원형 편물이 만들어집니다.
텐바스켓의 바닥이 완성되었습니다.
짧은뜨기와 코늘리기를 이용해서 편물의 크기를 더 크게 만들 수도 있습니다.

이제 바스켓의 옆면을 시작해 봅시다.

11단은 이랑뜨기로 뜹니다. 10단의 첫 코의 뒤쪽 반 코에 훅을 찔러 짧은뜨기를 뜹니다.

이랑뜨기 한 코가 완성되었습니다.

10단의 모든 코마다 한 코에 하나씩 이랑뜨기를 뜹니다(11단).
한 바퀴를 돌고 난 모습입니다.

이랑뜨기는 코의 뒤 반 코에 뜨는 짧은뜨기를 말합니다.
이랑뜨기를 뜨고 나면 전 단의 앞의 반 코가 눈에 보입니다.
뒤 반 코에만 짧은뜨기를 뜨기 때문에, 편물이 바깥쪽으로 꺾이게 됩니다.
편물이 꺾여 바닥과 옆면이 직각형태로 구분됩니다.

이랑뜨기도 사슬이나 빼뜨기처럼 여러 가지 역할을 합니다.

지금처럼 편물을 바깥쪽으로 꺾이게 만드는 역할 이외에도
편물에 가로줄 무늬를 만들고 싶을 때,
남겨둔 앞의 반 코에 새로 실을 걸어 편물에 입체모양의 무늬를 만들고 싶을 때,
등에 사용합니다.

텐바스켓의 11단 도안을 보면 이랑뜨기로 '평단'이라는 새로운 단어가 나옵니다.
평단은 '한 코에 하나씩 뜨는 단'입니다.

이제 옆면을 뜨면서 평단을 좀 더 살펴보겠습니다.

#14

평 단

12~35단(총24단): 평단 (60코)

한 코에 하나씩 짧은뜨기를 뜹니다.

첫 코에 단수링을 걸어 표시해두고, 24바퀴를 돌면 됩니다.

12단을 뜨고 있는 중에 찍은 사진입니다.

평단에서는 한 코에 하나씩 짧은뜨기를 뜹니다.
앞서 말했듯이 평단은 '한 코에 하나씩 뜨는 단'입니다.
좀 더 정확히 얘기하면, 코늘리기나 코줄이기가 없이 한 코에 하나씩 떠서 전체 코수의 변화가 없는 단을 의미합니다. 11단의 도안에서 이미 이랑뜨기로 '평단'이라는 단어를 먼저 만나보았습니다.

원형으로 뜨는 짧은뜨기의 편물에서 원통의 편물을 만드는 방법은 생각보다 단순합니다.
짧은뜨기와 코늘리기를 규칙적으로 사용해서 원하는 만큼 코를 늘리면, 원형 편물의 둘레가 점점 커집니다.
원하는 바닥의 크기가 완성되면, 평단을 뜹니다. 코늘리기가 없으면 더 이상 원형 편물의 둘레는 늘어날 수 없고, 그때부터는 편물이 원통형태를 띄게 됩니다.

코를 늘리다가 평단을 뜨기.
이제 우리는 첫 번째 입체 편물 만들기를 성공했습니다.

35단까지 뜨고 첫 코에 빼뜨기합니다. 실을 길게 잘라 돗바늘로 마무리합니다.

윗부분을 바깥쪽으로 접어 모양을 잡아줍니다.

바스켓 모양이 완성되었습니다.
만들고 보니 무언가 허전한 느낌이 듭니다.
바스켓에 어울리는 가죽 라벨을 하나 달아봅시다.

버늘에 실을 끼운 후, 실꼬리에 매듭을 만듭니다.

가죽 라벨의 위치를 잡아줍니다.

편물과 가죽 라벨을 여러 번 감침질하여 튼튼하게 연결 한 후, 실을 잘라 마무리합니다.

텐바스켓이 완성되었습니다.

가볍지만 굵은 털실이라 모양이 잘 잡힙니다.

바닥 크기를 조절해서 여러 가지 사이즈로 만들어 봐도 좋을 것 같습니다.

Anna Karenina

Chapter 4

#

원하는 모양으로 코늘리기
울버 킷햇

Wool Bucket hat

울버킷햇

심플한 모자를 하나 떠 봅시다.

햇빛을 가려주었으면 좋겠고,
얼굴도 작아보였으면 좋겠습니다.

봄볕, 가을볕을 적당히 막아줄 버킷햇을 만들어 봅시다.

한땀핸즈
www.1ttam.com
한땀핸즈
www.1ttam.com
HAND MADE

필요한 재료

울혼방사(100g/1볼) 2볼

8호(5mm) 코바늘, 수예가위, 돗바늘, 단수링

스웨이드 라벨

울혼방사는 따뜻함과 가벼움을 동시에 가지는 털실입니다. 버킷햇은 부드러운 천의 느낌이 나야 하니, 부드러운 소재의 울혼방사를 사용하였습니다. 보통 울의 함량이 높아질수록 겨울용 털실이 됩니다. 봄, 가을 햇볕을 막아주고, 적당히 따뜻하고, 적당히 얼굴을 가려주는 부드러운 실을 원해 울과 아크릴이 반씩 섞인 실을 사용하였습니다.

✳ 울버킷햇 도안

머리둘레 52cm

모자 윗부분부터 시작

1단 : 원형고리 만들어 짧은뜨기6 (6코)
2단 : 코늘리기6 (12코)
3단 : [짧은뜨기, 코늘리기]*6 (18코)
4단 : [짧은뜨기2, 코늘리기]*6 (24코)
5단 : [짧은뜨기3, 코늘리기]*6 (30코)
6단 : [짧은뜨기4, 코늘리기]*6 (36코)
7단 : [짧은뜨기5, 코늘리기]*6 (42코)
8단 : [짧은뜨기6, 코늘리기]*6 (48코)
9단 : [짧은뜨기7, 코늘리기]*6 (54코)
10단 : 평단 (54코)
11단 : [짧은뜨기8, 코늘리기]*6 (60코)
12단 : 평단 (60코)
13단 : [짧은뜨기9, 코늘리기]*6 (66코)
14단 : 평단 (66코)
15단 : [짧은뜨기10, 코늘리기]*6 (72코)

모자 옆면 시작

16~26단(총11단) : 평단 (72코)
머리에 맞게 평단을 가감하여 맞춥니다.

모자 챙 시작

27단 : [짧은뜨기5, 코늘리기]*12 (84코)
28단 : [짧은뜨기6, 코늘리기]*12 (96코)
29단 : [짧은뜨기7, 코늘리기]*12 (108코)
30단 : [짧은뜨기8, 코늘리기]*12 (120코)
31~33단(총3단) : 평단 (120코)
34단 : 빼뜨기로 평단 (120코)

첫 코에 빼뜨기하고, 실을 잘라 마무리합니다.
스웨이드 라벨을 첫 코 부분에 실로 연결합니다.

#15

원하는 모양으로 코늘리기

도안의 33단까지 뜬 모습입니다.

지금까지 우리가 배운 뜨개 기법을 적절히 사용하여 모자를 만들어 봅시다.
1단부터 9단까지는 매단 6코씩 규칙적으로 코를 늘려 원형 편물을 만듭니다.
10단부터 15단까지는 한 단은 평단으로,
한 단은 6코 코늘림으로 원형 편물의 둘레가 조금 천천히 늘어나도록 조절합니다.
모자의 윗부분에서 옆면으로 넘어가기 전 자연스러운 모양을 만들어 주기 위함입니다.
이렇게 코를 늘리는 단과 평단을 적절히 조합하여 내가 원하는 정도의 형태를 만들 수 있습니다.

11단부터 26단은 모자의 옆면입니다. 원하는 모자의 깊이에 따라 평단의 단 수를 조절합니다.

27단부터 30단은 모자의 챙을 넓혀주는 부분입니다. 모자의 윗부분보다 조금 더 퍼지는 형태의 모자를 만들고 싶어, 매 단 12코씩 늘어나도록 했습니다.

31단부터 33단은 평단을 떠서, 모자가 더 이상 퍼지지 않고 적당히 햇볕을 가릴 수 있게 만들어 줍니다.

이처럼 코를 늘리는 단과 평단을 조절하여 원하는 모양으로 코를 늘릴 수 있습니다. 또한 한 단의 코늘림 횟수를 조절하여 원형의 편물이 더 혹은 덜 퍼지게 만들 수 있습니다.

이제 마지막 단이 남았습니다. 바로 빼뜨기로 평단입니다.

#16

빼뜨기

34단 : 빼뜨기로 평단 (120코)

33단의 첫 코에 훅을 찔러 빼뜨기를 합니다.

4

5

6

7

"빼뜨기로 평단"

도안대로 한 코에 하나씩 빼뜨기를 합니다.

빼뜨기는 짧은뜨기와는 다르게 다리가 없는 코가 생깁니다.

다리가 없으니, 완성된 코는 전 단의 머리 앞을 채우게 됩니다.

원형 편물에서 마지막 단의 빼뜨기로 평단은 편물의 마지막 단이 튼튼하게 모양이 잡히도록 해줍니다.

34단을 다 뜨고, 첫 번째 코에 빼뜨기로 마무리하고, 돗바늘로 실을 숨겨 정리합니다.

모자의 챙 마지막까지 뜨고 나면, 첫코와 마지막코 사이에 사선으로 단 차이가 생깁니다.

회오리 모양으로 떠올라가는 원형 편물의 특성입니다.

스웨이드 라벨로 단 차이가 나는 부분을 가려주기로 합니다.

마지막 빼뜨기 한 부분을 스웨이드 라벨로 감싸줍니다.

남은 털실을 한 뼘 정도 잘라 돗바늘에 끼운 후, 스웨이드 라벨의 구멍을 통과하여 묶어줍니다.

실을 짧게 자릅니다.

스웨이드 라벨은 세탁이 가능합니다.
울버킷햇은 세탁이 가능하도록 가죽 라벨이 아닌 스웨이드 라벨을 달아주었습니다.

울버킷햇이 완성되었습니다.
적당히 햇볕을 가려줄 만한 크기입니다.

Chapter 5

# #

사슬과 손잡이

펄마르쉐백

Pearl Marché Bag

펄마르쉐백

마르쉐(marché)는 프랑스어로 시장을 의미합니다.

마르쉐백은 시장갈 때 드는 장바구니 형태의 가방, 혹은 가볍게 나갈 때 드는 가방입니다.

굳이 우리말로 하자면, 마실가방 정도가 될 것 같습니다.

트렌디한 장바구니, 펄마르쉐백을 만들어 봅시다.

한땀핸즈

필요한 재료

패브릭얀(500g/1볼) 1볼

메탈얀 1볼

10mm 왕코바늘, 돗바늘, 단수링, 수예가위

손뜨개 편물은 신축성이 좋아 가방을 만들면 보통 안에 천을 덧대어, 늘어짐이 덜 하도록 합니다.
가볍게 들고 다닐 가방을 만들고 싶어, 안에 천을 덧 댈 필요는 없을 것 같습니다.
두꺼운 패브릭얀을 고릅니다.
털실이 두꺼워졌으니 왕코바늘로 뜹니다.

저지면을 잘라 만든 털실이기 때문에 촉감이 좋고 적당한 신축성도 있고 완성 후 물건을 넣었을 때, 처짐이 심하지 않습니다.

✳ 펄마르쉐백 도안

바닥 크기. 지름 18cm
높이(끈 제외). 16cm

패브릭얀, 메탈얀 두 겹을 함께 잡고 뜹니다.

1단: 원형고리를 만들어 짧은뜨기8 (8코)
2단: 코늘리기8 (16코)
3단: [짧은뜨기, 코늘리기]*8 (24코)
4단: [짧은뜨기2, 코늘리기]*8 (32코)
5단: [짧은뜨기3, 코늘리기]*8 (40코)
6~14단(총9단) : 평단 (40코)
15단 : [사슬10(10코띄우고), 짧은뜨기10]*2 (40코)
16단 : 평단 (40코)

첫 코에 빼뜨기 하고, 실을 잘라 마무리합니다.

#17

편평한 바닥 만들기

1

2

패브릭얀 저지면 소재라 약간 신축성이 있습니다. 신축성이 전혀 없는 메탈이 섞인 털실을 골라, 패브릭얀과 메탈얀 두 겹을 함께 잡고 뜨기 시작합니다.

1단이 완성되었습니다.

마카롱쿠션, 울버킷햇보다 편평한 원형 편물을 만들기 위해,
1단에서 시작 코수를 8코로 조절하였습니다. 매단 8코씩 코가 늘어납니다.
6코씩 코가 늘어날 때보다 조금 더 편평한 바닥이 만들어집니다.

#18

사슬로 손잡이 공간 만들기

14단까지 뜨고 난 후의 모습입니다. 이제 가방의 손잡이를 만들기 시작합니다.

15단 : [사슬10(10코띄우고), 짧은뜨기10]*2 (40코)
왼손 두 번째 손가락에 걸린 실에 걸어서 훅에 걸린 고리를 통과하면 사슬이 만들어집니다.

사슬을 총 10개 만듭니다. 14단의 10코를 뜨지 않고 건너 띄어 손잡이의 공간을 확보해 줍니다.

9

15단 : [사슬10(10코띄우고), 짧은뜨기10]*2 (40코)
10코를 건너 띄고, 열 한 번째 코부터 다시 짧은뜨기를 10개 뜹니다. 열 한 번째 코에 뜨기 시작하기 전에 사슬의 코가 모두 윗부분을 보고 있는지 확인합니다.

10

15단 : [사슬10(10코띄우고), 짧은뜨기10]*2 (40코)
15단이 완성되었습니다. 두 개의 손잡이 공간이 생겼습니다.

끈이 너무 얇아 보여, 조금 더 두껍게 만들기로 합니다.

#19

짧은뜨기로 손잡이 완성하기

사슬의 앞쪽 반 코 위에 훅을 찔러 짧은뜨기를 뜹니다. 모든 사슬에 짧은뜨기를 하나씩 뜹니다.

손잡이가 완성되었습니다.

16단의 첫 코에 빼뜨기 하고 실을 마무리합니다.

편물이 완성되었습니다.

이번에도 뭔가 허전한 기분이 들어, 가방에 포인트를 주기로 합니다.

키링은 손뜨개 가방에 가장 어울리는 포인트 아이템입니다.
자칫 밋밋해 보일 수 있는 가방을 더욱 돋보이게 해줍니다.

펄마르쉐백이 완성되었습니다.
실이 두꺼우니 금방 뜰 수 있습니다.
시간이 오래 걸리지 않으니 여러 개 만들어
가족이나 친구들에게 선물해도 좋을 것 같습니다.

Chapter 6

#

코줄이기와 기초 인형 조립

까꿍베어커플

Peekaboo Bear Couple

까꿍베어 커플

동글동글 귀여운 곰인형을 만듭니다.

팔도 다리도 꼬리도 짧은 귀여운 인형입니다.

혼자 있으면 외로울까 커플로 만듭니다.

귀여운 애착인형을 만들어 봅시다.

한땀핸즈
www.1ttam.com
5/0

필요한 재료

한땀코튼(45g/1볼) 두 가지 컬러 각 2볼

세무끈, 눈 2쌍, 코 2개

5호(3mm) 코바늘, 수예가위, 돗바늘, 단수링

방울솜, 겸자, 수성펜, 대나무 시침핀, 눈바늘, 실

코바늘 손뜨개 인형은 주로 면과 아크릴이 섞인 털실을 사용합니다. 면은 흡수성, 염색성, 내열성 두루 좋아 섬유 중에서 가장 많이 사용되는 소재입니다. 손뜨개에서도 다양한 소품을 만드는데 사용됩니다. 아크릴이 적당히 섞인 털실로 뜨면 편물의 모양도 예쁘고, 무게도 가벼우면서 모양도 잘 잡힙니다.

아이들 애착인형을 만들 때는 주로 면+아크릴 혼방 털실을 사용합니다.

✳ 까꿍베어커플 도안

키. 약 20cm

머리

1단 : 원형고리를 만들어 짧은뜨기6 (6코)

2단 : 코늘리기6 (12코)

3단 : [짧은뜨기, 코늘리기]*6 (18코)

4단 : [짧은뜨기2, 코늘리기]*6 (24코)

5단 : [짧은뜨기3, 코늘리기]*6 (30코)

6단 : [짧은뜨기4, 코늘리기]*6 (36코)

7단 : [짧은뜨기5, 코늘리기]*6 (42코)

8단 : [짧은뜨기6, 코늘리기]*6 (48코)

9단 : [짧은뜨기7, 코늘리기]*6 (54코)

10단 : [짧은뜨기8, 코늘리기]*6 (60코)

11~22단(총12단) : 평단 (60코)

23단 : [짧은뜨기8, 코줄이기]*6 (54코)

24단 : [짧은뜨기7, 코줄이기]*6 (48코)

25단 : [짧은뜨기6, 코줄이기]*6 (42코)

26단 : [짧은뜨기5, 코줄이기]*6 (36코)

27단 : [짧은뜨기4, 코줄이기]*6 (30코)

28단 : [짧은뜨기3, 코줄이기]*6 (24코)

연결을 위해 실을 길게 남기고 자릅니다.

몸통

1단 : 원형고리를 만들어 짧은뜨기6 (6코)

2단 : 코늘리기6 (12코)

3단 : 코늘리기12 (24코)

4단 : [짧은뜨기3, 코늘리기]*6 (30코)

5단 : [짧은뜨기4, 코늘리기]*6 (36코)

6단 : [짧은뜨기5, 코늘리기]*6 (42코)

7단 : [짧은뜨기6, 코늘리기]*6 (48코)

8단 : [짧은뜨기7, 코늘리기]*6 (54코)

9단 : [짧은뜨기8, 코늘리기]*6 (60코)

10~12단(총3단) : 평단 (60코)

13단 : [짧은뜨기8, 코줄이기]*6 (54코)

14~16단(총3단) : 평단 (54코)

17단 : [짧은뜨기7, 코줄이기]*6 (48코)

18~19단(총2단) : 평단 (48코)

20단 : [짧은뜨기6, 코줄이기]*6 (42코)

21~23단(총3단) : 평단 (42코)

24단 : [짧은뜨기5, 코줄이기]*6 (36코)

25~26단(총2단) : 평단 (36코)

27단 : [짧은뜨기4, 코줄이기]*6 (30코)

28단 : 평단 (30코)

29단 : [짧은뜨기3, 코줄이기]*6 (24코)

30단 : 평단 (24코)

연결을 위해 실을 길게 남기고 자릅니다.

팔(2장)

1단 : 원형고리를 만들어 짧은뜨기6 (6코)

2단 : 코늘리기6 (12코)

3단 : [짧은뜨기, 코늘리기]*6 (18코)

4~7단(총4단) : 평단 (18코)

8단 : [짧은뜨기4, 코줄이기]*3 (15코)

9단 : 평단 (15코)

10단 : [짧은뜨기3, 코줄이기]*3 (12코)

11~14단(총4단) : 평단 (12코)

연결을 위해 실을 길게 남기고 자릅니다.

귀(2장)

1단 : 원형고리를 만들어 짧은뜨기6 (6코)

2단 : 코늘리기6 (12코)

3~5단(총3단) : 평단 (12코)

연결을 위해 실을 길게 남기고 자릅니다.

다리(2장), 꼬리(1장)

1단 : 원형고리를 만들어 짧은뜨기6 (6코)

2단 : 코늘리기6 (12코)

3단 : [짧은뜨기, 코늘리기]*6 (18코)

4~6단(총3단) : 평단 (18코)

7단 : [짧은뜨기4, 코줄이기]*3 (15코)

8단 : [짧은뜨기3, 코줄이기]*3 (12코)

연결을 위해 실을 길게 남기고 자릅니다.

#20

짧은뜨기로 코줄이기

머리부터 시작합니다.

1단부터 22단은 짧은뜨기, 코늘리기, 평단을 이용하여 뜹니다.

이제 코줄이기를 배울 차례입니다.

머리 23단 : [짧은뜨기8, 코줄이기]*6 (54코)

짧은뜨기 8코를 뜨고,
이제 코 줄이기를 시작합니다.
코늘리기가 전 단의 한 코를
두 코로 늘리는 것이었으니,
코줄이기는 전 단의 두 코를
한 코로 줄이는 것입니다.

22단의 아홉 번째 코에 훅을 찔러 실을 걸어 뺍니다. 훅에 원래 걸려있던 고리(오른쪽)와 걸어서 뺀 실(왼쪽)까지 총 두 가닥의 실이 걸려있습니다.

22단의 열 번째 코에 훅을 찔러 실을 걸어 뺍니다. 이제 훅에는 총 세 가닥의 실이 걸려있습니다. 이때 사진처럼 왼쪽에 있는 고리일수록 실의 길이가 더 길게 만들어지도록 합니다. 즉 걸어 빼는 실을 원래 걸려 있던 고리보다 더 길게 뺍니다.

다시 한번 훅으로 실을 걸어서 훅에 걸려있던 세 가닥의 실을 모두 통과하며 뺍니다. 코줄이기가 완성되었습니다. 전 단의 두 코가 한 코가 되었습니다. 23단에서 코줄이기를 총 6회 반복하면, 전 단보다 6코가 줄어들게 됩니다.

지금 뜨고 있는 편물은 인형의 머리가 됩니다. 편물을 완성하고 솜을 넣어 모양을 만들게 되는데, 솜이 들어가면 편물이 살짝 늘어나게 됩니다. 원래 있던 코가 줄어들면, 편물에 공간이 작게 생길 수 있습니다. 위 사진처럼 실을 길게 걸어서 빼어 코줄이기를 하면, 이 실이 작은 공간을 채워 편물의 모양을 더 예쁘게 보이게 합니다.

같은 이유로 코줄이기 후에 뜨는 짧은뜨기도 두 코 정도는 걸어 빼는 실을 평소보다 살짝 길게 빼서 짧은뜨기를 완성합니다.

살짝 길게 빼낸 실이 짧은뜨기와 코줄이기의 다리가 되어 작은 공간을 채워줍니다. 이제부터는 도안대로 규칙적으로 짧은뜨기와 코줄이기를 반복하여 뜹니다.

26단을 뜨고 있는 모습입니다. 코늘리기처럼 규칙적으로 코줄이기를 하기 때문에, 사진처럼 코를 줄인 부분이 사선으로 눈에 보이게 됩니다.

28단까지 뜨면 24코가 됩니다. 28단의 마지막 코줄이기가 끝나면, 실을 길게 남겨 자르고, 훅에 걸려있던 고리를 당겨서 뺍니다.

머리가 완성되었습니다.

코줄이기를 알았다면, 이제 모든 편물 조각을 뜰 수 있습니다.
도안을 참고하여, 몸통, 팔(2장), 귀(2장), 다리(2장), 꼬리를 뜹니다.

10

사진의 왼쪽은 머리, 오른쪽은 팔입니다. 코늘리기를 활용해 울버킷햇을 만들었을 때처럼, 짧은뜨기, 코늘리기, 평단, 코줄이기를 적절히 사용하여 원하는 형태의 모양을 만들 수 있습니다.

11

모든 편물 조각을 완성하였습니다.
모든 조각은 실을 길게 남겨 자릅니다. 이 실로 인형을 조립합니다. 아주 큰 인형이 아니라면, 약 30cm정도 남기고 실을 자르면 충분합니다.

이제 이 편물이 인형이 될 차례입니다.

#21

인형 조립의 시작 – 솜채우기

겸자로 방울솜을 조금씩 집어 넣습니다.

어느 정도 솜을 넣고 나면 손가락으로 솜을 다지듯이 눌러 채웁니다. 편물의 가장 깊숙한 곳 바깥쪽부터 솜을 채우면서 나오는 느낌으로 채웁니다. 이때 다른 손은 편물이 늘어나지 않도록 잡아줍니다.

코바늘 손뜨개 인형에 솜을 넣는 이유는 인형의 '모양을 잡아주기 위함'입니다. 솜을 너무 많이 넣으면, 완성된 인형이 딱딱해집니다. 너무 적게 넣으면 인형의 형태가 잡히지 않습니다. 머리, 몸통, 팔, 다리 등 편물의 모양에 따라 예쁜 모양이 나올 정도로만 솜을 넣습니다.

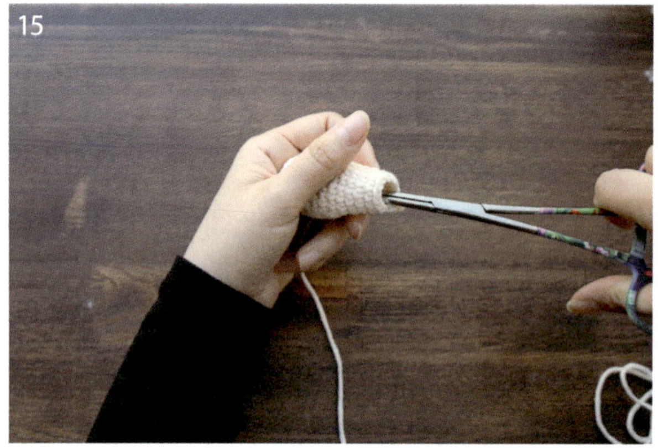

팔처럼 길쭉한 조각은 솜을 조금씩 채우면서 모양을 잡아줍니다.
입구가 좁은 조각에 한 번에 솜을 너무 많이 넣으면, 편물이 늘어납니다.
손뜨개 편물은 한 번 늘어나면 다시 줄어들지 않을 수 있으니 주의합니다.

팔은 가장 깊숙한 곳에서 입구 쪽으로 올수록 채우는 솜의 양을 점점 줄여줍니다.
그래야 인형을 완성하고 난 후, 자연스러운 팔의 모양을 유지할 수 있습니다.

모든 조각에 솜을 채워 모양을 만들었습니다.
이제 머리와 몸통부터 연결해 봅시다.

#22

머리와 몸통 연결하기 – 공그르기

머리 조각의 실꼬리를 돗바늘에 끼웁니다. 머리를 내 몸과 가까운 쪽에, 몸통을 먼 쪽에 두고 연결을 시작합니다. 먼저 몸통 마지막 코의 다리에 가로로 돗바늘을 끼워 실을 통과시킵니다.

머리의 첫 코의 다리에 가로로 실을 끼워 통과 시킵니다.

다시 몸통의 마지막 전 코에 가로로 돗바늘을 끼워 실을 통과시킵니다.

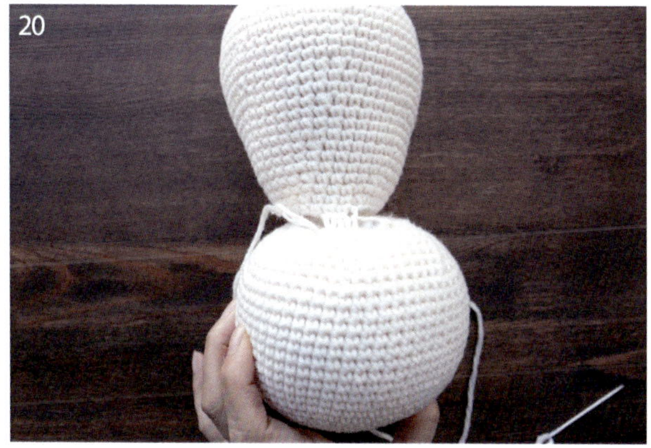

몸통은 마지막 코부터, 머리는 첫 코부터 한 코씩 가로로 실을 통과시켜줍니다. 이렇게 연결하는 방법을 '공그르기'라고 합니다. 몇 코 정도 실을 통과시켰다면, 사진처럼 실이 걸려있는 모양이 보입니다.

돗바늘을 세게 잡아당기면, 통과한 실들이 조여지면서 머리와 몸통이 튼튼하게 붙습니다.
공그르기는 인형의 조각을 튼튼하게 연결할 수 있어, 보통 머리와 몸통을 연결할 때 많이 사용합니다. 공그르기로 한 바퀴를 돌며 조각을 연결합니다.

머리와 몸통은 모두 24코로 편물이 마무리 되어, 코 수가 같습니다.
공그르기를 하면 몸통의 한 코와 머리의 한 코가 만나 조각이 고르게 연결됩니다.
마지막 5~6코가 남을 때까지 공그르기를 합니다.

5~6코가 남았을 때, 겸자를 이용하여 머리와 몸통 사이에 솜을 조금 더 넣어줍니다.

솜을 어느 정도 집어넣었다면, 마저 공그르기를 해서 공그르기를 시작한 위치로 돌아옵니다.

시작 부분에 남아있던 몸통의 실꼬리와 머리의 실꼬리를 두 번 정도 묶어 줍니다.

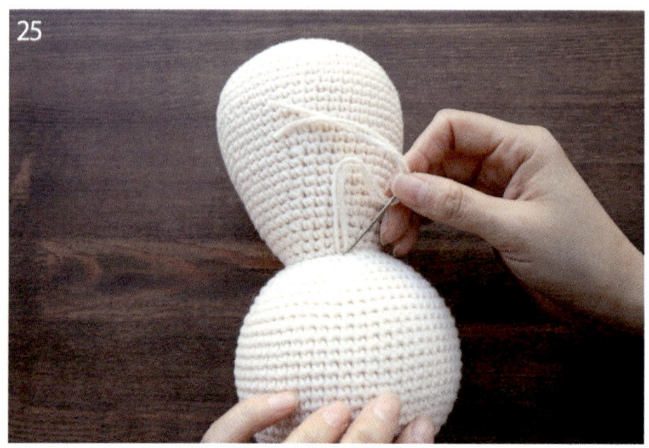

두 가닥의 실꼬리를 모두 돗바늘에 끼워 시작 지점에 찔러 편물의 안쪽을 통과해 반대편 바깥쪽으로 통과시킵니다.

실꼬리를 살짝 잡아당겨 가위로 잘라줍니다. 묶은 매듭과 남은 실꼬리는 모두 솜 안쪽으로 숨겨졌습니다.

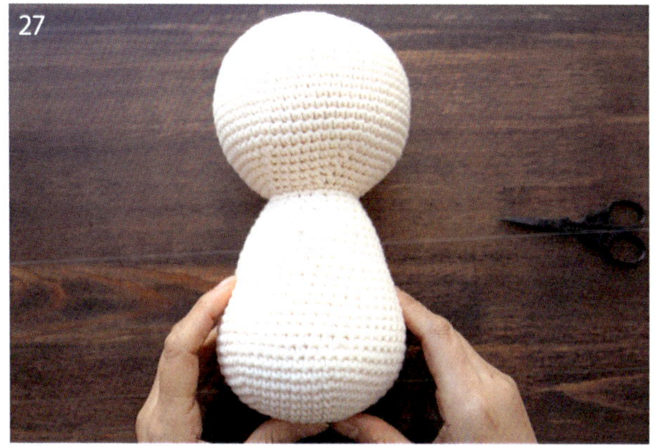

머리와 몸통 연결이 끝났습니다.

공그르기를 이용하여 머리와 몸통을 연결했습니다.

이제 팔, 다리, 귀, 꼬리 등 나머지 조각들을 머리와 몸통에 연결할 차례입니다.

#23 팔, 다리, 귀, 꼬리 연결하기 – 감침질

팔, 다리를 대칭으로 연결하기 위해 실을 이용하여 인형의 중심을 찾아 줍니다.

머리와 몸통에 대나무 시침핀을 꽂아 중심을 표시해둡니다.

꼭지가 너무 작은 시침핀은 편물 안쪽으로 들어갈 수 있어 피합니다.
스틸 소재의 시침핀은 인형을 연결할 때 빠질 수 있어 피합니다.

꼭지가 큰 나무 시침핀을 사용하는 것이 편리합니다.

수성펜을 준비합니다. 이제 팔, 다리를 연결할 위치를 수성펜으로 그립니다.
수성펜은 물을 묻히면 바로 지워져, 인형 조립에 편리한 도구입니다.

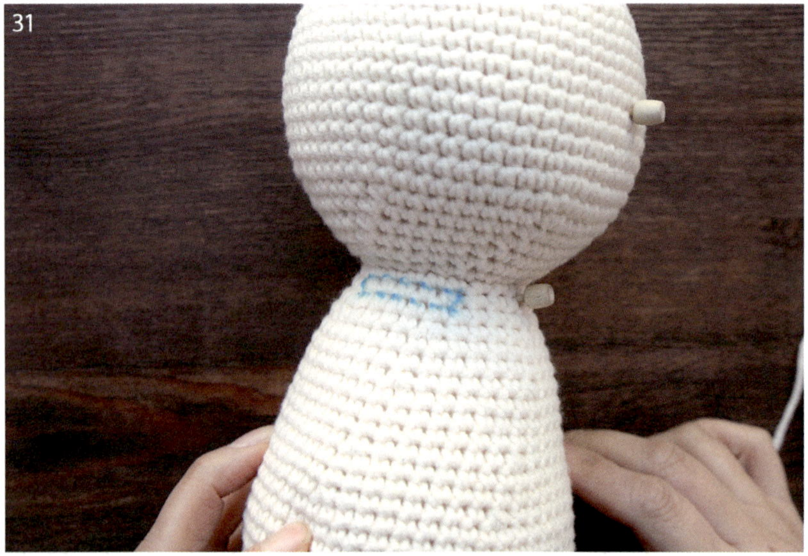

31

몸통 위에서부터 두 번째 단에 팔과 팔 사이의 간격이 6~7코 정도 되도록 팔을 연결할 위치를 그립니다. 팔의 마지막 단은 12코입니다. 코 수와 똑같은 칸을 직사각형 모양으로 그려줍니다. 2단의 윗부분 5칸, 아랫부분 5칸, 세로로 한 칸씩 총 12칸을 그렸습니다.

연결해야 할 조각의 코 수와 똑같은 칸으로 네모를 그리면,
원하는 위치에 정확하게 조각을 연결할 수 있습니다.

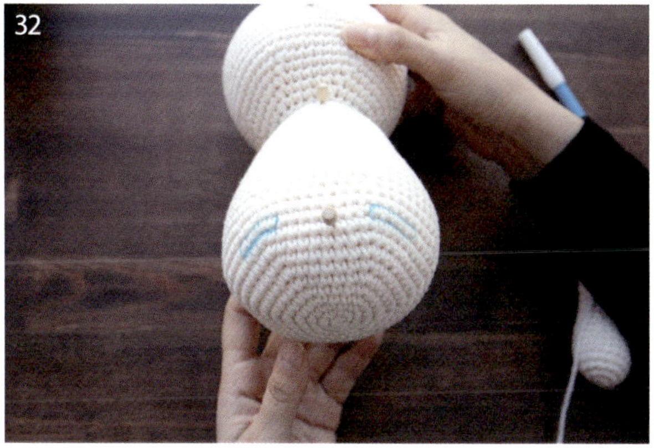

다리는 몸통 10단에 다리와 다리 사이 간격이 8코 정도 되도록 네모를 그립니다. 다리도 12코이므로 12칸의 직사각형을 그립니다.

꼬리의 위치는 다리와 삼각형 모양을 이루도록 그려줍니다. 삼각형 모양으로 연결을 해야 완성된 인형이 예쁘게 앉아 있을 수 있습니다.

팔, 다리, 꼬리의 위치를 표시하였습니다.
이제 팔을 연결해 봅시다.

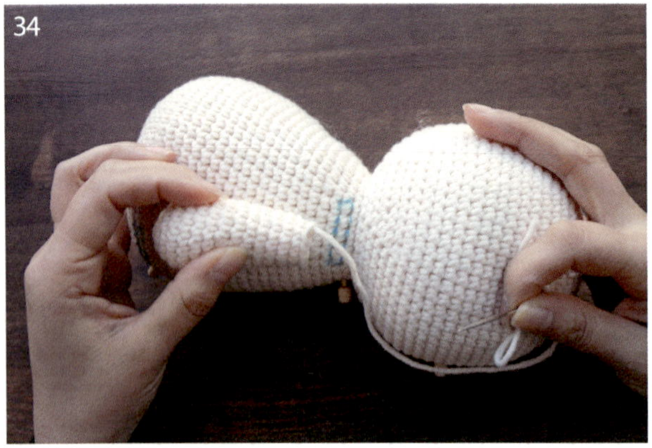

팔의 실꼬리를 돗바늘에 끼워 준비합니다.

수성펜으로 그려둔 몸통의 세로선(첫 번째 칸)에 실을 통과시킵니다.

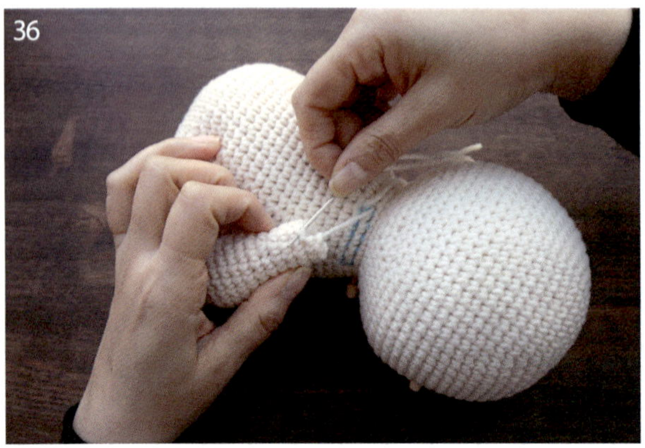

팔의 첫 코에 편물 안쪽에서 바깥쪽으로 실을 통과시킵니다.

수성펜으로 그려둔 선을 따라 두 번째 칸에 실을 통과시킵니다.

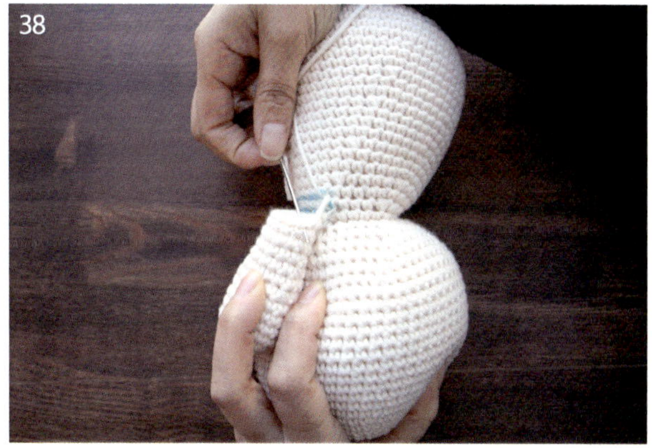

다시 팔의 두 번째 코에 안쪽에서 바깥쪽으로 실을 통과시킵니다.

계속해서 선을 따라서 한 칸, 안쪽에서 바깥쪽으로 한 코를 번갈아 가면서 통과시켜 연결해 나갑니다.

한 방향으로 계속 바늘을 찔러 연결하는 방법을 감침질이라 부릅니다.

몸통의 '한 칸'과 팔의 '한 코'가 번갈아 가며 만납니다.

마지막 칸을 통과하고, 마지막 코를 통과하여 모든 코와 칸이 연결되도록 합니다.

첫 번째 칸의 시작부분에 바늘을 찔러 실을 멀리 보냅니다. 반대쪽 팔도 같은 방법으로 연결하고, 같은 위치로 실을 보냅니다.

양쪽 팔을 연결하고 남은 실꼬리를 두 번 묶고, 돗바늘에 끼워 실을 멀리 보내 자릅니다.

다리와 꼬리도 같은 방법으로 연결하고,
세 가닥의 실꼬리를 함께 묶어 멀리 보내 자릅니다.

팔과 같은 선상에 있도록 실로 귀의 위치를 확인합니다.

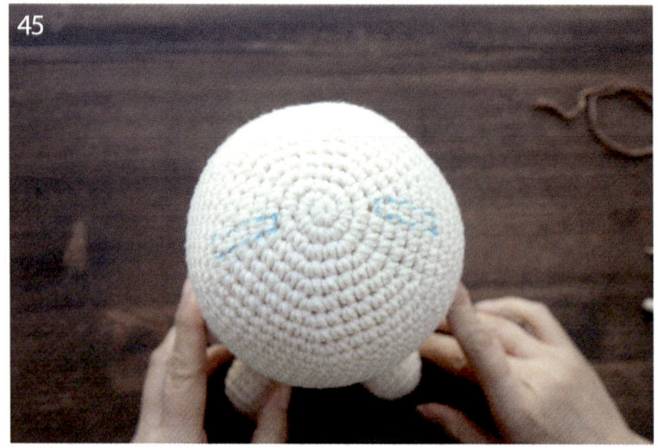

귀는 머리 4단과 8단 사이에 직사각형을 그려 표시하고, 팔,다리,꼬리와 같은 방법으로 연결 후, 마무리합니다.

이제 모든 조각의 조립이 끝났습니다.

대나무 시침핀으로 적당한 눈과 코의 위치를 표시해 봅니다.

눈은 머리 16단과 17단 사이, 눈과 눈 사이 간격이 12코가 되는 지점이 적당해 보입니다.

코는 양쪽 눈 가운데 달면 되겠습니다.

#24 표정 만들기 – 눈, 코 달기

눈과 바늘에 실을 끼워 준비합니다. 실꼬리는 따로 묶지 않습니다. 왼쪽 눈에서 바늘을 찔러 오른쪽 눈으로 통과시킵니다. 실꼬리에 어느 정도 여유를 두고, 손으로 잡아줍니다.

오른쪽 눈 먼저 실을 끼우고, 다시 왼쪽 눈 자리로 돌아옵니다.

왼쪽 눈에도 실을 끼우고, 바늘을 코 위치로 통과시켜 코에도 실을 끼웁니다.

오른쪽 눈, 왼쪽 눈, 코의 순서로 다시 한 번씩 실을 끼워 통과시킵니다.

눈, 코 모두 두 번씩 실을 통과시켜 시작한 지점으로 돌아온 모습입니다.
시작할 때, 잡고 있던 실꼬리와 바늘에 걸린 실을 잡아당겨 눈과 코가 잘 고정되도록 합니다.
서너 번 묶어준 후, 실을 멀리 보내 자릅니다.

이제 수성펜 자국을 물을 살짝 묻혀 지워줍니다.

귀여운 핑크색 리본을 목에 묶어줍니다.

곰 인형 한 마리가 완성되었습니다.

남은 한 마리도 같은 방법으로 완성합니다.

53

역시 인형은 함께 있어야 더 예쁩니다.
짧은 팔, 다리가 매력 포인트인 까꿍베어커플이 완성되었습니다.

사랑스러운 애착인형입니다.

Chapter 7

#

색깔 바꾸기와 두 개의 편물 연결하여 뜨기

알파&베타

Alpha & Beta

알파&베타

저희처럼 철없는 어른이들을 위한 인형을 만들기로 합니다.

지치거나 피곤할 때, 알파&베타를 바라봅니다.

무심한 표정이지만 다정하게,

'고생했어. 푹 쉬어.' 라고 말하는 것처럼 느껴집니다.

필요한 재료

한땀울(100g/1볼) 알파 3볼, 베타 3볼

10호(6mm) 코바늘, 수예가위, 돗바늘, 단수링

방울솜, 겸자, 수성펜, 대나무 시침핀

166
167

큰 사이즈의 인형을 만들고 싶어 두꺼운 실을 찾습니다.
크지만 무겁지 않았으면 좋겠습니다.
안았을 때, 포근한 느낌이 들었으면 좋겠습니다.

울과 아크릴이 섞인, 텐바스켓과 같은 실을 고릅니다.

✳ 알파&베타 도안

키. 약 30cm

머리

알파는 머스타드로 1~8단을
나머지는 아이보리로 뜹니다.
베타는 모든 단을 민트로 뜹니다.
1단 : 원형고리를 만들어 짧은뜨기6 (6코)
2단 : 코늘리기6 (12코)
3단 : [짧은뜨기, 코늘리기]*6 (18코)
4단 : [짧은뜨기2, 코늘리기]*6 (24코)
5단 : [짧은뜨기3, 코늘리기]*6 (30코)
6단 : [짧은뜨기4, 코늘리기]*6 (36코)
7~18단(총12단) : 평단 (36코)
19단 : [짧은뜨기4, 코줄이기]*6 (30코)
20단 : [짧은뜨기3, 코줄이기]*6 (24코)
21단 : [짧은뜨기2, 코줄이기]*6 (18코)

연결을 위해 실을 길게 남기고 자릅니다.

다리(2장) + 몸통

알파는 아이보리로 뜹니다.
베타는 첫번째 다리는 네이비로,
두번째 다리는 민트, 몸통은 민트로 뜹니다.

1단 : 원형고리 만들어 짧은뜨기6 (6코)
2단 : 코늘리기6 (12코)
3~7단(총 5단) : 평단 (12코)
7단까지 2장을 뜹니다.

첫 번째 다리는 실을 자르고,
두 번째 다리 실로 연결해서 다리 두 개를 합칩니다.

8단 : 첫번째 다리 짧은뜨기 12,
두번째 다리 짧은뜨기12 (24코)
9~16단(총 8단) : 평단 (24코)
17단 : [짧은뜨기2, 코줄이기]*6 (18코)

연결을 위해 실을 길게 남기고 자릅니다.

머리부터 시작합니다.

베타는 도안대로 완성합니다.

알파는 중간에 색깔이 바뀌므로,

색깔을 바꿔 뜨는 법을 배워봅시다.

#25 색깔바꾸기

머스타드 실로 알파 머리를 8단까지 뜹니다. 9단부터는 아이보리 실로 색을 바꿔서 뜹니다. 8단의 마지막 코를 완성할 때 실을 바꿔 줍니다. 이 방법은 마카롱쿠션에서 실바꾸기 했던 방법과 같습니다.

8단의 마지막 코를 아이보리 실로 걸어 빼서 완성합니다.

실이 바뀌어, 9단의 첫 코부터는 아이보리 색으로 완성됩니다.

실을 바꾸면 기존의 실꼬리와 새로운 실의 실꼬리가 편물의 뒷면에 남아있게 됩니다.
마카롱쿠션에서는 돗바늘로 이 실꼬리들을 숨겼지만,
이렇게 짧은뜨기를 뜨면서 실을 숨겨가면 뜰 수도 있습니다.
짧은뜨기를 뜨기 위해 훅을 코에 찔렀을 때,
훅 위에 실꼬리들을 올려 놓고 뜨면 됩니다.
4~5코 정도 이렇게 실꼬리들을 올려 놓고 뜬 후에,
남은 실꼬리를 잘라줍니다.
돗바늘로 실꼬리를 숨기는 방법과 실을 숨겨가며
짧은뜨기를 뜨는 방법 중 편한 방법을 선택하면 됩니다.

6

색깔을 바꾸어 14단까지 떠 올라간 보습입니다.
회오리로 돌아가면서 뜨는 편물이기 때문에
첫 코와 마지막 코 사이에는 단 차이가 생깁니다.
단 차이가 생기는 부분이 인형의 뒷부분이 되니,
크게 신경 쓰지 않아도 됩니다.

도안대로 머리를 마저 뜨고 마무리합니다.

이제 도안대로 다리 두 장 떠서
연결하는 방법을 배울 차례입니다.

#26

두 다리 연결하기

7

다리를 한 장 떠서 실을 길게 남겨 자릅니다(첫 번째 다리). 다리를 한 장 더 뜹니다. 7단까지 뜨면 다리가 완성되고, 이어서 8단을 뜨면서 두 다리를 연결합니다.

두 번째 다리 실로 8단을 시작합니다. 첫 번째 다리의 첫 코(단수링 표시)에 짧은뜨기를 뜹니다.

떨어져 있던 두 개의 편물이 짧은뜨기로 연결되었습니다. 이어서 첫 번째 다리의 모든 코에 짧은뜨기를 뜹니다.

첫 번째 다리의 모든 코를 뜨면, 두 번째 다리를 다시 만나게 됩니다. 두 번째 다리의 첫 코부터 모든 코에 짧은뜨기를 뜹니다.

첫 번째 다리의 12코와 두 번째 다리의 12코가 더해져, 총 24코의 원통 편물이 되었습니다. 두 번째 다리의 첫 코(단수링 표시)가 몸통의 첫 코가 됩니다.

첫 번째 다리를 뜨고, 길게 남겨놓았던 실로 다리와 다리 사이의 벌어진 부분을 감침질로 막아줍니다.

감침질이 끝나면, 매듭을 지어 마감합니다.
남은 실은 다리 안쪽에 넣어줍니다.

베타처럼 두 다리의 색깔을 다르게 할 수도 있습니다.

다리 연결이 끝나면,이어서 몸통을 뜹니다.
머리와 몸통에 솜을 넣어 모양을 잡고, 공그르기로 연결합니다.

알파&베타는 남은 실로 얼굴 표정을 만들기로 합니다.

#27

마무리 - 스티치와 장식하기

수성펜으로 눈 모양을 그려줍니다.

남은 머리실(머스타드)을 잘라 돗바늘에 끼워 수성펜으로 그린 눈의 양 끝을 통과하여 수를 놓습니다.

실꼬리를 길게 남겨두고 수를 놓습니다.

원하는 모양으로 수놓기가 끝나면 시작했던 곳으로 돌아와, 실꼬리들을 묶고 멀리 보내 마무리합니다.

원하는 표정을 수놓아,
나만의 인형을 만들어 보면 좋을 것 같습니다.

이번에는 머리카락을 만듭니다.
네 손가락에 남은 머리 실을 15번 정도 감아줍니다.

감은 실을 손가락에서 뺍니다.

남은 머리 실을 30cm정도 잘라서 감은실 가운데를 세게 두 번 정도 묶어줍니다.

묶은 실을 돗바늘에 끼워 알파 머리 꼭대기를 통과합니다. 두 실꼬리를 묶어 멀리 보내 마무리합니다.

알파에게 머리카락이 생겼습니다.

머리카락도 원하는 위치에,
원하는 길이로 자유롭게 연결하여
나만의 인형을 만들어 봅시다.

알파&베타가 완성되었습니다.
철없는 어른이를 위한 인형답게
인형을 가지고 이런 저런 장난을 쳐봅니다.

민망할 땐, 먼 산을 바라보는 모습으로 사진도 찍어봅니다.

한땀디자인팀 since 2017

잠실, 동탄, 대구

멀리 떨어져 각자 뜨개 하던 세 명이 만났습니다.

'열정'이라는 공통 분모로 모여서 함께 한 지 어느덧 3년

의견이 달라 자주 싸웁니다.

그러다 금방 잊어버리고, 또 뜨개 이야기로 밤을 지새웁니다.

혼자가 아니라 외롭지 않고,

셋이라 용기가 생겼던 3년입니다.

뜨개에 미쳐 정신 없는 우리를 그러려니 하고

이해해준 집사람과 가족들과

우리의 작품을 사랑해준 많은 분들께 감사합니다.